CATALOGUE

DE

LITHOGRAPHIES & GRAVURES

Œuvres de CHARLET, DECAMPS, GAVARNI RAFFET, HORACE VERNET

LIVRES SUR LES BEAUX-ARTS

DONT LA VENTE AUX ENCHÈRES PUBLIQUES AURA LIEU

HOTEL DES COMMISSAIRES-PRISEURS

Rue Drouot, 5, Salle n° 7

AU PREMIER ÉTAGE

Les Lundi 14 et Mardi 15 Janvier 1867

A UNE HEURE PRÉCISE

Me DELBERGUE-CORMONT, Commissaire-Priseur,
rue de Provence, 8,
Assisté de M. CLÉMENT, Md d'Estampes de la Bibliothèque Impériale
rue des Saints-Pères, 3,
Chez lesquels se distribue le présent Catalogue.

EXPOSITION PUBLIQUE

Le Dimanche 13 Janvier 1867, de 1 heure à 5 heures.

PARIS
RENOU & MAULDE
IMPRIMEURS DE LA COMPAGNIE DES COMMISSAIRES-PRISEURS
Rue de Rivoli, 144

1867

ORDRE DES VACATIONS

Le Lundi 14 Janvier 1867 : *Les Nos 1 à 252.*

Le Mardi 15 Janvier 1867 : *Les Nos 253 à la fin.*

CONDITIONS DE LA VENTE

Elle sera faite au comptant.

Les Acquéreurs paieront CINQ POUR CENT en sus des enchères, applicables aux frais.

L'Expert dirigeant la Vente se réserve le droit de diviser les Lots.

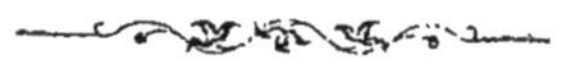

DÉSIGNATION

LITHOGRAPHIES & GRAVURES

1 **Artiste** (Pièces tirées de l'). 32 pièces d'après P. Huet, Calame, Buttura, Isabey, etc.

2 **Artiste** (Journal l') et autres. Paysages, croquis et portraits. 65 pièces.

3 **Athalin** et **Picot**. Croix du cimetière de Graville et autres. 8 pièces.

4 **Bellangé** (H.). Souvenirs militaires. 5 pièces.

5 — Sujets d'albums. 11 p.

6 — Garde à cheval, la Cantinière, Je n'en joue plus, etc. 8 pièces.

7 — Les Zouaves pendant et après l'action, Silistrie, Retour de Crimée. 4 grandes pièces.

8 **Bonington**. Vue de Bologne. Très-belle épreuve de la seule eau-forte du maître.

9 — Vues d'Écosse. 13 pièces.

10 — Vue générale de l'église Saint-Gervais et Saint-Protais à Gisors. Ruines du château d'Arlais en Franche-Comté. 3 pièces; très-belles épreuves.

11 **Bonington** (D'après). Vue d'une maison, gravé par Levis, épreuve avant la lettre. 1 pièce.

12 **Caricature** (Journal la). 30 pièces sur le roi Louis-Philippe et autres par divers artistes.

ŒUVRE DE CHARLET

13 **Charlet** (Nicolas-Toussaint).
PORTRAITS par Benjamin, L. Dupré, J. Davaux, Caricature d'ap. Géricault, par J. P., tiré du Miroir drolatique, médaillon d'ap. David d'Angers, par Raffet, Grandville, Dantan, Valerio, Charlet, sa femme et ses deux fils, Charlet seul, etc. 15 p.

14 — Son portrait par lui-même (vernis mou). — Par lui-même, d'après un buste en marbre d'Etex. — Frontispice de l'album de 1828. Le public a obtenu justice. — Valentin au camp de Wilrich. — Charlet au bivouac. 5 p.

14 bis — Par H. BELLANGÉ : Frontispice de l'album de 1823, parmi la foule qui obstrue l'entrée d'un petit théâtre, on distingue Charlet et Bellangé. — Charlet déjeune avec un vieux peintre. — Frontispice de l'album de 1824. On distingue Charlet assis près de Bellangé et autres artistes dessinant. — Charlet est assis dans son atelier se chauffant devant son poêle. — Réunion de convives chez la mère Laget, un ouvrier ivre est tombé près de la table, Charlet s'est levé et cherche à mettre le pauvre diable sur ses jambes. — Charges d'atelier. Charlet est debout. — Apothéose de Charlet. 7 p.

15 **Charlet**. L'Acteur Odry (rôle de Beldame), dans *la Leçon de Danse*. Imprimé chez Motte en 1822, a paru dans le Miroir (3, Catalogue Lacombe.)

16 — Portrait en buste de M. Canon (père de l'artiste de ce nom) (4, R.), sur chine.

17 **Charlet**. Portrait en buste du maître de classe des enfants de Charlet (1842) (5, R. R.).

17 bis — Portrait du même, en pied et assis dans un fauteuil (6, R. R. R.).

18 — Portrait en pied du prince Louis Napoléon, pendant son procès à la Chambre des Pairs, en 1840 (8), sur chine.

18 bis — Napoléon au bivouac (9, R.).

19 — Napoléon à Iéna (10). 3 épreuves : les deux premières avant la lettre sur chine et blanc, la troisième avec la lettre.

20 — Napoléon en campagne (11). — Napoléon une cravache à la main (12). — Napoléon sur un cheval blanc qui se cabre (16). 3 p.

21 — Napoléon, croquis (13). — Napoléon, assis au pied d'un arbre (14). — Napoléon vu par le dos (15). — Napoléon debout sur un rocher (17). 4 p.

22 — Napoléon en habit, les mains derrière le dos (18 bis, R. R. R.).

Pièces imprimées chez Lasteyrie.

23 — Hussard au galop, le sabre à la main (19, R. R. R.).

24 — Voltigeurs en tirailleurs derrière une palissade (21, R. R. R.).

25 — Lanciers au bivouac (22, R. R. R.).

25 bis — Poste avancé (24, R.).

26 — Déroute de cosaques (26, R.).

27 — Colonne d'infanterie en marche (27).

28 — Les Invalides à la pêche (30, R.).

29 — La Consigne (29, R.).

30 — Cuirassiers chargeant (31, R.)

31 **Charlet**. La Bienfaisance. L'Hospitalité (31 et 32, R.). 2 p. faisant pendant.

32 — La Conversation (34, R. R.).

33 — La Bienvenue (35, R.).

34 — Le Décrotteur (36, R. R.).

35 — Les quatre Mendiants (37, R. R.).

36 — Le Grenadier de Waterloo (38, R.). Première composition.

37 — Le Grenadier de Waterloo (39, R.). Deuxième composition.

38 — Les deux Grenadiers de Waterloo (40). Copie par E. Leroux.

39 — Le Drapeau défendu (42, R.).

40 — Les Français après la victoire (43, R. R.).

41 — La Mort du Cuirassier (44, R. R.).

42 — Les Invalides en goguette (50, R.).

43 — Le Grenadier manchot (51). 2e état.

Pièces imprimées chez Delpech.

44 — M. Pigeon en grande tenue (53, R.).

45 — Deux Prisonniers russes amenés devant un officier français (54). — Prisonniers autrichiens (55). 2 pièces faisant pendant.

46 — Le Vin de la Comète (56).

47 — Peintre d'enseignes (57).

48 — On dit (59). Première composition (R. R.).

49 — Que dit-on ? (58). On dit... (60). On ne dit rien... (61). Il faut en rire (63). 4 pièces.

50 — Ils s'en vont (62). Gaspard l'avisé (64). Je boude avec les blancs (65, R. R. R.). 3 pièces.

51 **Charlet**. Infanterie légère montant à l'assaut (66, R.).

52 — Siége et Prise de Berg op-Zoom (67, R. R.).

53 — Courage et Résignation (68, R. R.).

54 — Le Caporal blessé, et son chien léchant sa blessure (69, R. R.).

55 — Mendiants. — Grenadier assis, avec un enfant. — Braconnier. Les Gueux (70-73). 4 p. qui ont été imprimées sur deux feuilles.

56 — Le Soldat français (74, R. R.).

57 — Cuirassier français portant un drapeau (76, R.).

58 — Le Menuet (77, R. R.).

59 — La Gamelle compromise (78, R. R.).

60 — La Cuisine au bivouac (79, R. R.).

61 — Délassement des consignés (80, R. R.).

62 — Vieillard montrant le portrait de Cambronne à des enfants (81, R. R. R.).

63 — Au Maréchal Brune (82, R. R. R.).

64 — L'Instruction militaire, — le Soldat musicien (83 et 84, R. R.). 2 pièces faisant pendant.

65 — Le Marchand de dessins lithographiques (8, R.).

66 — Les Maraudeurs (86, R. R.).

67 — L'Aumône (87, R.). Epreuve avant la lettre.

68 — Jeune Soldat se découvrant devant un invalide (89, R. R.).

69 — *A moi! les anciens* (89, R. R. R.).

70 — Appel du contingent communal (90, R. R.).

71 — Le Quartier général (91).

PIÈCES IMPRIMÉES CHEZ MOTTE.

72 **Charlet.** Les Pénibles Adieux (92, R.), avec la copie par Lœillot.

73 — J'attends de l'activité (94, R.), avec la copie par Lœillot.

74 — Toi!... Oui moi!... (95, R. R.), avec la copie par Lœillot.

75 — Entrée, ou Milord Gorju (96). Sortie, ou Milord Lagobe (97). Soyez plutôt maçon si c'est votre talent (104). 3 pièces.

76 — Réjouissance publique (105, R.).

77 — Doucement, la mère Michel (101, R.). 1re et 2e épreuves. 2 pièces.

78 — L'Intrépide Lefebvre (102). — *C'est mon père! C'est mon père!* (103). 2 p. faisant pendant.

79 — Siége de Saint-Jean d'Acre (107, R.).

80 — Siége de Saint-Jean d'Acre (108, R. R. R.).

81 — Siége de Saint-Jean d'Acre (109).

DIX-SEPT PIÈCES IMPRIMÉES CHEZ LASTEYRIE EN 1817-1818.

83 — Recrue à l'exercice. — Sergent d'infanterie (110 et 111, R.). 2 p.

84 — Officier de voltigeurs. — Carabinier instructeur (112 et 113, R.). 2 p.

85 — Sergent de carabiniers, Guide général. — Sapeur d'infanterie (114 et 115, R.). 2 p.

86 — Grenadier de la garde impériale (116, R.). Grenadier de la garde royale (117, R.). 2 pièces.

87 — Deux Grenadiers de la garde royale (118, R. R.). Chasseur à cheval de la garde impériale (119, R.). 2 pièces.

88 **Charlet**. Dragon de la garde impériale (120, R.). Cuirassier à pied (121, R.). Deux Lanciers polonais de la garde impériale (123, R.). 3 pièces.

89 — Deux Cuirassiers à pied (122, R. R.). Lancier polonais de la garde impériale (125, R. R.). 2 pièces.

90 — Dragon, compagnie d'élite, à cheval (126, R. R. R.).

91 — Vingt-huit pièces à la plume, imprimées chez Delpech à la fin de 1817 et au commencement de 1818 (127-154). Cette suite est rare en noir, ayant été faite pour être coloriée. Nous la possédons entièrement complète, c'est-à-dire avec les numéros 128, R. R., 151 à 154, R. R. R.

92 — Dragon d'élite, armée d'Espagne (155, R.).

93 — Grenadier à pied de la vieille garde (156, R.).

94 — *Suite de trente pièces représentant des costumes de la garde impériale.* Elles ont été imprimées chez Delpech, de juillet 1817 à mars 1830 (157 à 186). Suite complète de 30 pièces avec les n°s 12, 13, 14, 15, 16, 17 et 18 du 1er tirage.

95 — Douze pièces représentant des costumes d'infanterie (Armée de 1809). Imprimées chez Motte. Nous en avons huit (187, R. R., 188, R. R., 191, 193, 194, 195, R. R., 199, R. R., 201, R. R.).

96 — Grenadier à pied de la garde impériale. — Dragon d'élite (202 et 203). 2 costumes à la plume.

96 bis — Infanterie légère française. Carabinier. — Voltigeur (204 et 205). 2 p.

97 — Garde nationale de Paris. Grenadier, grande tenue. — La même pièce, première idée, sans aucun nom. — Chasseur, grande tenue (206, 207, R. et 208). 3 p.

98 — Garde-française (14 juillet 1789) (209, R. R. R.).

99 **Charlet.** Garde-française (14 juillet 1789), même idée que la pièce précédente ; au bas de l'estampe trois griffonnements à l'estompe (210, R. R. R.).

100 — *L'Empereur et la Garde impériale* (218 à 264). — Costumes des divers corps de l'armée française. 42 p. coloriées.

101 — Grenadier à pied (228). Chasseur à pied (237). 2 p. avant le titre.

102 — Capitaine de Grenadiers (234, R. R.).

103 — Chasseur à cheval (251, R. R. R.).

104 — Bonaparte général en chef de l'armée d'Italie (257). Epreuve avant le titre.

105 — L'Empereur, 1812 (procédé de lavis) (264, R. R. R.).

106 — Costumes des divers corps de l'armée française avant et pendant la Révolution. Costumes de la garde impériale. 23 p. en noir.

PIÈCES DÉTACHÉES DE DIVERSES IMPRIMERIES.

107 — Bonaparte factionnaire (266). La Boule de neige (267). Épreuves avant et avec la lettre. 3 pièces.

108 — Le Pauvre Diable. Ve Lafrance. Les Quilles. Elle n'admet pas de remplaçant (269, 270, 271, 272). 4 pièces.

109 — Triomphe de la Religion. Impiété, 1810. Piété, 1820 (273, 274), imprimées sur la même feuille. Il m'en reste encore un pour la patrie (276). Aux vieux Grognards, le tailleur reconnaissant (277). 3 pièces.

110 — Vous croisez la baïonnette sur les vieux amis (278) ; épreuve du 1er tirage. La même pièce avec la 2e inscription. Ecole des balayeurs (279). Voilà pourtant comme je serai dimanche (280). 4 pièces.

111 **Charlet**. Comment faire?... (285, R. R.). Dissimulons!... (286, R. R.). 2 pièces.

112 — Adieu, fils! L'École de village. Le beau Bras! c'est comme l'antique. J'aime la couleur. Paye et tais-toi! (281, 282, 283, 284, 287). Entrez chez Gihaut (289). 6 pièces.

113 — Louis XVIII vu par le dos, au balcon des Tuileries (288, R. R. R.). J'obtiens de l'activité (275). Le Soleil luit pour tout le monde (290). La Manie des armes (292). 3 pièces.

114 — Réjouissance publique, grande pièce (293), imp. de Vilain.

115 — Vieillard méditant devant une tête de mort (294, R.).

116 — Je suis innocent, dit le conscrit (291). Le Laboureur nourrit le soldat (298). Le premier Coup de feu (299). Le second Coup de feu (300). 4 pièces.

117 — Promenade à Belleville de Mme Durand, Coco, Fifine, Azor, Polichinelle et M. Durand. Papa! nanan! Papa! caca (295 et 296). Papa! nanan! Papa caca (297, R.). 3 pièces.

118 — L'Insubordination. Elle a le cœur français, l'ancienne! Ils sont les enfants de la France (303, 304 et 305). 3 p.

119 — Jeune! j'avais des dents et pas de pain (301). Même sujet, composition différente. Est-ce un dindon? (306). Le Billet de logement (307). Ah! quel plaisir d'être soldat (308). Capitaine, j'ai des faiblesses (311). Honneur au courage malheureux (312). 7 pièces.

120 — Tête d'homme effrayé (314). Scène d'intérieur (315). Ah! si j'étais de la police! (316). Dis donc, tambour major des incurables (317). Jeune Femme assise dans un jardin (331). 5 pièces.

121 **Charlet**. Saint Jérôme (320, R. R. R.).

122 — Lieutenant, je cherche du fourrage (318). Première idée de la précédente avec changement (319, R.). Sire, c'est à Austerlitz que j'ai été démoli (321). 3 pièces.

123 — Diverses feuilles de croquis (322 à 330). 9 pièces.

124 — Le Gamin éminemment et profondément national (332). L'Allocution, 28 juillet 1830 (333). Première idée de la précédente (334). 3 pièces.

125 — Le Tailleur de pierres (335). La même idée avec quelques différences (336). Je te parie quatre sous tout de suite que c'est moi et petit Pannetot, etc. (337). Pingard et Buchette faisant la partie d'aller demander du pain ou la mort (338). 4 pièces.

126 — Charge de Chevaux-légers (339). Marche de Lanciers sur un champ de bataille (342). Vieux Pâtre assis près du tombeau de sa fille (343). 3 pièces.

127 — Essai à la manière noire : Vieillard assis dans un fauteuil (340). Le même sujet, épr. tirée avant toutes lettres, et avec une petite tête de vieillard dessinée au bas à droite (341, R. R. R.). 2 pièces.

128 — Quand tu fais des poires sur tes cahiers (343). Comme flûte je suis avant Tulou (345, R.). Costume moyen âge (346). 3 pièces.

129 — Jacques Vincent, 1er fondateur des Frileux (347).

130 — Soldat sous la république (348). Soldat sous Louis XIV (349). Deux Élèves de l'école Polytechnique dans la campagne (350). 3 pièces.

131 — Le Magister de village (351, R.). Campagnard à cheval au galop (352, R.). Sur chine. 2 pièces.

132 — Chacun chez soi !... Chacun pour soi !... (353). Le plus délicieux et le plus ailé des bizets (354). 2 p. — 5 Mai ! La Prière du vieux soldat. 15 Août ! Nobles Souvenirs (358 et 359). 2 p. sur chine.

133 **Charlet**, Grenadier à cheval (361, R. R. R.).
= Petit Décrotteur à genoux (370). Un Homme sur une terrasse (371, R.). 2 p.

134 — Différents croquis à l'encre et à la plume (372 à 377), 6 p. inédites.

135 — Différents Croquis (379 à 382). 4 p. inédites; les n°s 380 et 382, R.

135 bis — Différents croquis (383 à 386). 4 p. inédites.

136 — Différents croquis (387 à 391). 5 pièces inédites.

137 — Différents croquis (392 à 397). 6 pièces inédites.

138 — Différents croquis (398 à 404). 7 pièces.

139 — L'Empereur et le Grenadier. Grande pièce à l'encre, au crayon et au lavis (405 R.). Même idée, avec le titre Napoléon mécontent (451). 2 pièces.

140 — Différents croquis inédits (404, 407, 408, 409, 410, 412, 413, 415). 8 pièces.

141 — Combat de cavalerie (414). Le Grenadier de la garde nationale et un officier (416). Vivandière et Lanciers (417). 3 pièces inédites. R.

142 — Vieille Femme descendant un escalier (418). Soldat cuisinier (419). Cavalier porte-étendard (420). Un Homme élégamment vêtu (421). 4 pièces rares.

143 — Vieux Jardinier (422, R.). Un Enfant et un Chien (423), Deux Enfants jouant au soldat (424). 3 pièces.

144 — Billoux dans une balance (425). Billoux dansant à la corde (426). Billoux faisant la parade (427). Le Vert-de-Gris (428). 4 pièces.

145 — Un Homme portant un bonnet espagnol (429, R.).

146 — Vieillard la tête nue (430, R. R. R.).

147 — Un Grenadier de la Garde impériale blessé au bras (423. R. R. R.).

PIÈCES FAITES AVEC LE CONCOURS D'AUTRES ARTISTES.

148 — Avec Géricault : Shipwreck of the Meduze (438, R.). Croquis imprimé à Londres.

149 — Avec Vauzelli : Intérieur d'une baraque de charbonniers francs-comtois (443). Première idée de la pièce précédente (444, R. R. R.). 2 pièces.

150 — Avec Jaime : Combat de la rue Saint-Antoine (28 juillet 1830). Le Pont d'Arcole (28 juillet 1830). Prise du Palais-Royal (29 juillet 1830). Le Peuple à la caserne des gendarmes (445 à 448). 4 p. Elles sont accompagnées du texte.

PIÈCES TIRÉES DE DIVERS OUVRAGES.

151 — L'Arabe et son coursier (449). Grenadier de la garde nationale (450). 2 p.

152 — Lafont, rôle de Jean, 1re et 2e parties (452, R. R. R.), sur papier blanc, avec un griffonnement à l'encre, et la première idée de la tête de Jean. Il n'existe que deux ou trois épreuves de cet état.

153 — Lafont, rôle de Jean, 3e et 4e partie (453, R.).

154 — Piast, 1840 pour un ouvrage intitulé : *La Vieille Pologne* (455). Assez causé (456). L'Hôtellerie (457). Pièce du journal la Silhouette. 3 pièces.

155 — C'est lui (458). Première idée de la même pièce (459), non terminée, rare. Le Fusilier Pacot (460). En v'là un, etc. (461). 4 pièces pour le journal la Caricature.

156 — Napoléon dans une chambre (462). Napoléon sur son cheval blanc (463). Croquis (464). Je puis mourir maintenant, j'ai revu mon vieux drapeau (465). Première idée de la même pièce (466, R.). Grenadier des légions polonaises (467). A. B. C (468). Ah ! le beau nez (469).

Les Enfants de la Bonnetière (470). Lanciers en campagne (471). Feuille de croquis (527). 12 pièces du journal l'Artiste.

157 — Vieillard assis. Costume du moyen âge. Soldat d'Afrique (473 à 475). 3 p. pour la *Méthode Tirpenne.*

VIGNETTES POUR ROMANCES & CHANSONS

150 bis — Vignette pour la romance sentimentale des Cuisiniers (476, R.).

151 bis — Le petit Vinaigrier (477). Repose-toi, mais ne te rouille pas (478). Le Tambour major (479). Je ne suis plus Jean-Jean (480). Les vieux Souvenirs (481). Foi de cuirassier, je te serai sincère(482). Gente Vivandière (483). Le vieux Ménétrier (484). Un Soldat revient au pays avec son congé (485). Danse petit polichinelle (486). Courage, mon p'tit Jean (487). La Bonne Maman (488). 12 p.

152 bis — Vignette pour une romance intitulée: Son Navire est parti (489, R. R. R.). Cette pièce est très-rare, la pierre ayant cassé dès les premières épreuves.

153 bis — Un Jour de fête en Espagne (491), sur chine. Le Retour du Montagnard (492). Le Départ pour la frontière (493, R.). Épisode de Juillet (494, R. R.), sur chine, ni la romance ni la vignette n'ont été mises dans le commerce.

154 bis — Le vieux Bailli (495). Un Grenadier attablé à la porte d'un cabaret (496). Les Bandits (497, R. R.). La Mère Grand (498). Le Vrai Moutard de Paris (499). Un vieux-Soldat debout (503). Un gros Ivrogne assis sur un tabouret (502), sur chine. 7 p.

155 bis — Un gros Aveugle, tenant un violon (501, R. R. R.), sur chine. Autre épreuve sans l'inscription de la main de Charlet. 2 pièces.

156 bis — Chant funèbre composé à l'occasion de la mort de Juhel (500). Premier tirage avant les lettres de *M. Ed. Donvé*, au haut du 1er quatrain, et avant la correction de la 3e ligne au dernier quatrain, avec une épreuve corrigée.

ALBUMS & CAHIERS DE FANTAISIES

De 1822 à 1842.

Cette série d'Albums contient 454 pièces, très-belles épreuves; 1822 et 1823 sont sur papier blanc, les autres sur papier de Chine, rares à trouver si réunies en feuilles et si bien conservées.

Cette suite d'albums (du n° 157 bis au n° 181) sera mise sur table pour être vendue ensemble; dans le cas où il n'y aurait pas une enchère suffisante, on vendrait les Albums séparément.

N. B. Les premières idées qui sont dans ces Albums n'ont pas été imprimées sur chine.

157 bis — Recueil de croquis à l'usage des petits enfants, par Charlet (1822). Chez Gihaut; lithographie de Villain (504 à 514). 11 p. Le n° 511, Mme Croquemitaine est: R. R.

158 — Croquis lithographiques par Charlet (1823). Paris, chez Gihaut (515 à 533). Il manque les nos 521 et 530, 1res idées. 17 pièces.

159 — Croquis lithographiques par Charlet (1824) (534 à 549). 16 p. tirées sur chine.

160 — Cahier de fantaisies, par Charlet, publié en 1824, chez Frérot, éditeur, etc. (550 à 554), épreuves sur chine. 5 p. sur chine.

161 — Fantaisies par Charlet (555 à 588). Le n° 560 est R. R. R. 34 p. sur chine.

162 — Album lithographique par Charlet (1825) (590 à 609). Le n° 598, 1re idée, est R. R. R. 20 pièces sur chine.

163 — Sujets divers lithographiés par Charlet (1825) (610 à 619). Il manque le n° 616, tiré seulement à 3 épreuves. 9 pièces sur chine.

164 — Album lithographique par Charlet (1826) (620 à 640). 21 pièces sur chine.

165 — Croquis lithographiques à l'usage des enfants, par Charlet (1826) (641 à 658). 18 pièces sur chine.

166 — Album lithographique par Charlet (1827) (659 à 680). 22 pièces sur chine.

167 — Album lithographique (1828) (683 à 706). Le n° 695 est double et avec la 1re adresse. Manque n° 702.

168 — Croquis et pochades à l'encre par Charlet (1828) (707 à 725). 19 pièces sur chine. Le n° 754 est rare.

169 — Album lithographié par Charlet (1829) (726 à 743). 18 pièces sur chine.

170 — Album lithographique par Charlet (1830) (744 à 761). 17 pièces sur chine.

171 — Album par Charlet (1831) (762 à 777). 16 pièces sur chine.

172 — Fantaisies par Charlet (1831) (778 à 782). 5 pièces sur chine.

173 — Album lithographique par Charlet (1832) (783 à 794 12 pièces sur chine.

174 — Fantaisies par Charlet (1832) (795 à 798). 4 pièce sur chine.

175 — Souvenirs de l'armée du Nord, par Charlet (1833) (799 à 819). Le n° 17 *bis* est avec le croquis de Napoléon. 21 pièces sur chine.

176 — Album lithographique par Charlet (1834) (820 à 839). 20 pièces sur chine.

177 — Alphabet moral et philosophique à l'usage des petits enfants, par Charlet (1835) (840 à 867). 28 pièces sur chine.

178 — Album lithographique par Charlet (1836) (868 à 883). 16 pièces sur chine.

179 — Album par Charlet (1837) (884 à 899). 16 pièces sur chine. Le n° 891 est de premier tirage, avec le petit croquis dans la marge.

180 — Croquis par Charlet (Bruxelles 1837) (900 à 912). 13 pièces.

181 — Vie civile, militaire et politique du caporal Valentin, mise au jour par son ami Charlet (913 à 965). 51 p. sur Chine. — Manque le n° 950, qui est R. R. R.

182 — Croquis à la manière noire, sujets philosophiques, populaires, moraux, etc., dédiés à Béranger, par Charlet (966 à 978). Suite de douze pièces sur papier teinté, avec le titre sur papier blanc.

183 — Classe moyenne, fil et coton. Classe forte, fer et acier (967). Epreuve avant le numéro, sur chine.

184 — *Tremblez, ennemis de la France!* (980, R. R.). 1er tirage avant le changement du titre, sur chine, avec la 2e épreuve. 2 pièces.

185 — Je crains la salle de police (981, R. R.). 1er tirage avant le changement du titre, avec la 2e épreuve. 2 pièces.

186 — Aristocratie pour aristocratie, je préfère celle des titres, etc. (982, R. R.). 1er tirage avant le changement du titre, avec la 2e épreuve. 2 pièces.

187 — La pie est ce qu'il y a de pis (984, R. R.). 1er tirage avec l'inscription qui suit, et non décrite par M. de Lacombe : « La pie est ce qu'il y a de pis. Elle est l'animal la plus malfaisante des Etats sociales, la Pie borgne surtout! politiquement parlant! », avec la 2e épreuve. 2 pièces.

188 — *Quand j'aurai fait mes huit ans, etc.* (985, R. R.). 1er tirage avant le changement du titre, avec la 2e épreuve sur papier teinté et une sur blanc. 3 p.

189 — Croquis à l'estompe et au lavis. Suite de quatorze pièces numérotées (986 à 998), avec le titre sur papier blanc.

190 — Epreuves d'essai tirées avant la lettre et l'encadrement des n°s 987, 991, 996 et 997. R. R.

191 — Suite de dessins à la plume, à l'usage des élèves des écoles spéciales des Ponts et Chaussées, de Metz, d'Etat-major, Polytechnique, Militaire et autres, par Charlet (1000 à 1055). 52 p. sur chine, c'est-à-dire du 1er tirage; les n°s 1028, 1032 et 1044 sont rares. — Quatre croquis condamnés par le maître qui n'ont été tirés qu'à petit nombre (1057 à 1060). En tout 59 pièces. 1 vol. in-fol., d.-rel. coins en mar. rouge.

192 — Etude de troncs d'arbres (1085, R. R.)

PIÈCES AU VERNIS MOU.

193 — Recueil de vingt-quatre pièces gravées à l'eau-forte, par Charlet, publiées chez Blaisot, plus le titre et le portrait de Charlet; avec des épreuves d'essai du titre et des n°s 17, 18, 19 et 20. Ens. 30 p.

194 — Eaux-fortes par Charlet (1828). 15 p. sur chine, plus 2 p. doubles sur papier blanc.

PIÈCES DOUBLES.

195 — Portraits de Charlet par Valerio, H. Bellangé, Billoux. 4 p.

196 — Que dit-on? — On dit. — On ne dit rien (58, 60 et 61). 3 p. coloriées.

197 — La Mort du cuirassier (44 R. R.)

198 — Cornet de voltigeurs, grande tenue (195, R. R.)

199 — Ah! si j'étais de la police (316). — Le Tailleur de pierres (335). — Deux Elèves de l'Ecole polytechnique (350). 3 p.

200 — Le Vin de la Comète (56). — La Gamelle compromise (78, R. R.). La Cuisine au bivouac (79, R. R.). La dernière pièce est coloriée.

201 — Sapeur d'infanterie. — Cuirassier à pied (115 et 121, R.). 2 pièces coloriées.

202 — Grenadier de la Garde royale (117, R.).

203 — Au commandement de halte! — Deux Costumes de la Garde impériale, en noir; Soldat de la République, etc. 7 pièces.

204 **Croquis inédits de Charlet**, reproduits d'après l'album de M. le général vicomte de Rigny. 26 pl. Paris, impr. lith. de Is. Meyer.

205 **Charlet** (D'après). Sujets tirés de l'Artiste, gravés par S. Reynolds, etc. 15 p.

206 — Sujets tirés de journaux et ouvrages illustrés. 39 pièces.

207 — Scènes de la vie de Napoléon. — Passage du Rhin à Khel. Six grandes pièces.

208 — Cours de politique et de haute philosophie, gravé par Prevost.

209 **Cogniet, Coutant, Court, Prudhon.** Divers sujets. 11 pièces.

210 **Dantan.** Musée d'anatomie, lithographié par Granville. 14 pièces.

211 **Daumier.** Le Vendredi législatif. Très hauts et très-puissants Moutards. Et ne vous y frottez pas. Enfoncé Lafayette. Ép. sur Chine. 5 pièces.

212 **Daumier** (H.). M. Viennet à la tribune. Modèle colossal du pain d'épice. Crémieux, Barthe, etc. 22 pièces.

213 — Caricatures politiques et autres. 46 pièces.

214 — Caricatures tirées du journal le *Charivari*. Environ 100 pièces.

215 — Caricatures tirées du journal le *Charivari*. Environ 150 pièces.

216 **Daumier** (H.), **Gavarni** et autres. Croquis divers. 68 pièces.

217 **Decamps**. L'Anier turc, eau-forte, n° 12 des Artistes contemporains.

218 — Le gardien de porcs, eau-forte, publiée dans les Beaux-arts.

219 — Pauvre noir, publié dans le journal l'Album. (R.)

220 — Le Thermomètre. Lettre de C. Motte. (R.)

221 — Le Savoyard et le Singe. (R.)

222 — Adieux touchants de l'Ex-bien-aimé...

223 — Voilà ce qui vient de paraître. Une pauv'petite préfecture. Classe de français. Eh! camarade, on n'entre pas en veste... Lith. de Gihaut. 4 pièces.

224 — La France pleure les victimes. L'an de grâce 1840.

225 — Grands Sauteurs! Arrêt de la Cour prévôtale. Journal la Caricature, n° 15 et 26.

226 — Liberté (François-Désiré). Journal la Caricature, n° 36.

227 — Le petit Savoyard. Une patrouille. Smyrne. Les Mendiants. Une Rencontre. Le Coup décisif. 5 pièces publiées dans le journal l'Artiste.

228 — Halte dans le désert, publié dans le Livre d'or. Indienne pleurant son enfant ; petite pièce pour une romance.

229 **Decamps**. Cahier de croquis publié chez Giraldon Bovinet, nos 1, 2, 4, 5, 6. Lith. de Lemercier.

230 — **Croquis par Decamps**, 1838, nos 1, 2, 3, 4, 5, 6, 7, 9, 10, 11, 12. Imp. lith. de Gihaut. Le no 7 est sur chine.

231 — No 8 de la liste précédente. Épr. tirée avant que la pierre n'ait été brisée par la moitié. Très-rare.

232 — Le Chenil, l'Escalade, Chasse au loup, en forêt, en plaine, etc. 10 pl. dont plusieurs sur chine ; des sujets de chasse et d'Orient. publiés par Gihaut frères.

233 — Nos 4, 20, 35, 40, 50, 51, 55, 57, 58. Les nos 35 et 50 de ces épreuves, toutes anciennes et en général très-rares, sont sur chine.

234 **Croquis par divers artistes**. Nos 3, 19, 20, 31, 32, 36, 39, 40, 46, 49, 51, 52, 55, 56, 57. Ép. anciennes avec les 4 lignes d'adresses.

235 — Lithographies extraites de diverses suites. 12 pièces.

236 — Sujets pour l'Album lyrique. 6 pièces.

237 **Decamps** (d'après). Gravures au burin, à l'eau-forte, etc., par A. Bouquet. Le Caravansérail. — Ch. Chaplin, Collignon, Desmadryl et Berthoud, Duparc, Gaitt : Les Lépreux. — Laroche, A. Leleux : Le Corps de garde turc. — Loubon : Un Mendiant. — Marvy, Masson, Mauduisson, Rouargue : Les Pirates grecs, A School, un Turc debout et un Enfant sur un chien. 22 pièces.

238 **Gravures sur bois**. L'arbre de Vaurus ; les Experts ; un Porcher. Portrait de Decamps, extr. du Magasin pittoresque. 4 pièces.

238 bis. **Lithographies** par Alophe, Bellel, Bouquet : L'Arménien. L'Abreuvoir. Paysage turc, etc. — Collignon : Les Chiens de chasse. — Delaunois, Français, Jaime : Le Singe ménétrier. — Eug. Le Roux : Les

Poules. Les Sorcières. Les Bourreaux à la porte d'une prison. Les Enfants turcs, etc. — Londrel, Mouilleron, C. Nanteuil. 23 pièces.

239 **Delacroix** (Eugène). Le Christ au roseau, à l'eau-forte. Très-belle épreuve sur chine avant les mots : Le cabinet de l'amateur.

240 — Choc de cavalerie arabe, à l'eau forte. Très-belle épreuve sur chine. Très-rare.

241 — Panthère couchée, à l'eau-forte. Très-belle épreuve sur chine avant l'adresse de Picot. Rare de cette qualité.

242 — Chef maure à Mecknez, à l'eau forte. Très belle.

243 — Homme debout, à l'eau-forte. Très-belle épreuve du premier état.

244 — Soldat allemand, à l'eau-forte. Très-belle épreuve du premier état, avant le cheval et les personnages.

245 — Jeune nègre à cheval. Superbe épreuve.

246 — La mort d'Ophélie, pour Hamlet. Très-belle épreuve.

247 — Que lisez-vous, monseigneur? pour Hamlet. Très-rare épreuve avant la lettre.

248 — Scène du portrait, pour Hamlet. Très-belle épreuve. Une femme arabe et un cul-de-lampe pour le Livre d'or, cette dernière pièce à la plume.

249 — Portrait du baron Schwiter. Très-belle épreuve.

250 — Un bonhomme de lettres en méditation. La Consultation. 2 pièces.

251 — Illustrations pour Faust. 9 pièces. Très-belles épreuves.

252 **Delacroix** et **P. Delaroche** (d'après). Divers sujets lithographiés par E. Lami, Mouilleron, etc. 19 pièces.

253 **Delâtre** (Eug.). Eaux-fortes diverses. 19 pièces.

254 **Demarne**. Sujets d'animaux. 6 pièces.

255 **Devéria.** Portraits des princesses Louise, Hélène, Marie et Clémentine d'Orléans; Duprez, Mme Garcia, Viardot, etc. 14 pièces.

256 — L'Ange gardien. Suite de 6 pièces. Belles épreuves.

257 **Diaz, Collignon, Bodmer.** 25 différents sujets lithographiés par Mouilleron, C. Nanteuil, E. Leroux, etc.

258 **Diaz** (d'après), Maléfice, le Harem, Causerie orientale, etc. 5 pièces.

259 **Dupré** (Jules), **Nanteuil** (C.), **Roqueplan** (C.). Paysages, sujets et marines. 25 pièces.

260 **Enfantin.** Croquis de paysages d'après nature. 15 pièces lithographiées et à l'eau-forte.

261 **Fleury** (R.). Ismaël et Marian dans le désert. Jeune enfant endormi. Différents autres sujets lithographiés par Mouilleron. 7 pièces.

262 **Frolich** (Lorenz). L'amour et Psyché, d'après le roman d'Apulée. Suite de vingt pièces gravées à l'eau-forte.

263 **Gavarni.** J'étais bon chasseur autrefois, étude au vernis mou. Un Mendiant, étude par le procédé Behr.

264 — Différents sujets publiés dans le journal l'Artiste. 15 pièces.

265 Masques et Visages, les Parisiens; avant la lettre. 10 pièces.

266 — Masques et Visages. 11 pièces.

267 — Études d'enfants. 11 pièces.

268 — Romances, musique par Mme Gavarni avec vignette en tête. Mignon. Petit page. Sérénade vénitienne. Notre-Dame de Tudèle. La chanson de Lise. Rosette. 6 pièces.

269 **Gavarni.** Pièces publiées dans différents recueils, dont : Portraits d'acteurs et actrices. Sujets de femmes. 40 pièces.

270 — Physionomie des chanteurs. Revue et Gazette musicale. 17 pièces.

271 — Musiciens comiques ou pittoresques. Belles épreuves sur chine. 28 pièces.

272 — Musiciens. Epreuves avant les titres et les numéros. 6 pièces.

273 — Deux Vues de Corinthe d'après le baron de Stackelberg. Vue de Trapezonte. 3 pièces.

274 **Géricault.** Son portrait, par Deveria. Le même portrait, par Viennot, d'après Vernet. — Le même portrait, par Colin, etc. 5 pièces.

275 — Jument égyptienne. Roulier à la porte d'une auberge. Officier d'artillerie de la Garde. 3 pièces.

276 — Service funèbre de Guillaume le Conquérant dans la chapelle de Boscherville. Passage du mont Saint-Bernard, épreuve avant la lettre. 2 pièces.

277 **Géricault** (D'après). Etude de chevaux par Geller, Volmar, et différents autres sujets. 34 pièces.

278 **Géricault, C. Vernet** et **V. Adam**. 12 pièces.

279 **Gigoux, Dupré, Hulme** (D'après). Sujets, Marines et Paysages, etc. 19 pièces.

280 **Granville.** Vingt pièces publiées par le journal *la Caricature.*

281 — La Fenaison, Elévation de la poire, et diverses pièces publiées par le journal *la Caricature.* 16 pièces.

282 — Grande revue passée par la Caricature, Elévation de la poire, Grenier d'abondance, etc. 10 pièces.

283 **Granville** et autres. 59 pièces tirées du journal *le Charivari.*

284 **Gros** (A. J.). Son portrait. Arabe du désert. Chef de mameluks à cheval appelant du secours. 3 pièces.

285 **Hillmacher** (F.). Portraits de Prud'hon, Gaston d'Orléans, Robespierre et différents autres sujets d'après Ostade, Van Stry, etc. 11 pièces gravées à l'eau-forte.

286 **Hills** (R.). Moutons, bœufs et vaches aux pâturages. 10 pièces gravées à l'eau-forte,

287 **Huet** (P.). Différents paysages et marines. 20 pièces.

288 **Ingres** (D'après). L'Odalisque. Portraits de Dupaty, Paganini, et son portrait d'après David, etc. 7 pièces.

289 **Isabey** père et fils et **Johannot** (A). Portrait de Thomas, Marines et autres. 13 pièces.

290 **Jacques** (Ch.), **Bonvin**, **Millet**, **Blery** et autres. 28 pièces gravées à l'eau-forte et au burin.

291 **Johannot**, **Lemud**, **Leroux**, etc. Sujets des journaux *l'Artiste* et des *Beaux-Arts.* 24 pièces.

292 **Lami** (Eugène). Costumes militaires de l'armée française. 23 pièces.

293 **Leblanc** (Th.). Croquis d'après nature faits pendant trois ans de séjour en Grèce et dans le Levant. 27 pièces.

294 **Marilhat** et **Lemud** (D'après). 17 pièces publiées par le journal *l'Artiste.*

295 **Monnier** (Henry). Mœurs administratives et autres. 25 pièces.

296 **Morret** (J.-B.). Caffée des Patriotes, grande nouvelle du Nord, d'après Swebach. Pièce imprimée en couleur.

297 **Fielding** (Newton). Différents animaux, suite de douze estampes, plus sept pièces de différentes suites. En tout, 19 pièces.

298 **Prudhon** (D'après). Apollon et les Muses lithographiées par J. Boilly; la Toilette, etc. 13 pièces.

299 **Raffet**. Portrait de Raffet pendant son voyage en Russie (Catalogue de M. H. Giacomelli, n° 696). Autre portrait, eau-forte par Braquemond. — Autre portrait-charge, lith. par Benjamin.

300 — Colonel du 17e léger. Le duc d'Aumale à la tête de son régiment, etc. (G. 7). Belle épreuve.

301 — Souvenir de Santicios (route de Malaga à Ronda). Le prince de Demidoff coiffé d'un montera, etc. N° 14, R. R.

302 — Le maréchal A. de Saint-Arnaud (G. 15). Rare épreuve du 1er tirage, avec le fac-simile de la signature.

303 — Maule, colonel des Higlanders (G. 19), R. R.

304 — Voyage dans la Russie méridionale et la Crimée. Epreuve sur papier de Chine avec grande marge, n°s 21, 24, 28, 74. 5 pièces très-belles.

305 — Voyage dans la Russie méridionale et la Crimée, camp de Vosnessemk. Camp d'infanterie, n° 58. Défilé d'infanterie, n° 63. La Messe au camp, n° 65. Bal donné à LL. MM. l'Empereur et l'Impératrice de toutes les Russies, n° 66. Manœuvre du 15 septembre, n° 68. 5 pièces, très-belles épreuves, sur papier de Chine, grand papier.

306 — Artillerie légère en action, pièce inédite n° 67, rare. Un sujet de la Jérusalem délivrée (il renverse hommes et chevaux, etc.), n° 69. 2 pièces.

307 — Parade; l'Archevêque a toujours....; Messieurs, pour avoir sauvé...; les Incurables; Prends garde à toi...; Parquet royal; Patriotes de tous pays. 7 pièces publiées dans *la Caricature* (n°s 129 à 136). Ana-

lyse de la pensée; grande revue passée par la Caricature (142 et 143 R.) 2 pièces. En tout, 9 pièces.

308 **Raffet**. Bernard le prit, etc.; Episode de la campagne de Russie (146 et 147), publiés dans *l'Artiste.*

309 — Gendarmes, faites feu (28 juillet 1830), n° 73; Barricade, rue Saint-Antoine (28 juillet 1830, n° 74; Je veux tuer un soldat de Polignac (29 juillet), n° 76; Revue de la Garde nationale (29 août 1830), n° 78. 4 pièces.

310 — Un Génie ailé, n° 97. Pièce faite pour le Manuel du lithographe, par A. Bry.

(La pièce est avec la brochure.)

311 — Album Ruhé (152, R.), lith. Rigo. Voyage en Crimée (Cat. G. 640 et 671). Histoire de Napoléon (239, n°s 249, 251, 253). Voitures publiques (n°s 261 à 268). Suite complète de 8 pièces devenues de curieux documents historiques sur Paris. Albums, titres pour romances, sujets militaires, etc. 18 pièces.

312 — Napoléon, pour l'affiche de l'histoire de Napoléon, par M. de Norvins, n° 122. Le Compagnon du Tour de France, pour l'affiche d'un roman de G. Sand, n° 123. 2 pièces.

313 — Le Marchand de chansons au pied d'un arbre; devant lui une troupe d'écoliers. Pièce non terminée, n° 139, rare.

314 — Prise de la ville de Pamphili (565). Épreuve d'essai sur grand chine, avant le n° 9 et avec une différence dans la légende postérieure.

315 — Sapeurs Mineurs (567). Epreuve d'essai avant le n° 11.

316 — Grenadiers du 66e (570). Épreuve d'essai avec le n° 13 et son premier titre.

317 **Raffet.** Ouverture de la 1re parallèle (572). Épreuve d'essai d'un état non signalé, avec le 14 au lieu du n° 15.

318 — Embuscade de chasseurs (576). Épreuve d'essai avant que le nom du maréchal Vaillant n'ait été ajouté.

319 — Sape volante (579). Épreuve d'essai avant le n° 22.

320 — Assaut et Prise du bastion n° 6 (585). Épreuve avec le n° 30 et sa légende primitive.

321 — Expédition et Siége de Rome (nos 559, 560, 561, 563, 569, 574, 574, 575, 576, 577, 578, 580, 581. 582, 586, 588, 590, 591). Presque toutes ces 18 épreuves quoique sans remarques, sont des épreuves d'essai avec la lettre.

322 — Sujets d'albums. 11 pièces.

323 — Pièces inédites. Costumes militaires français et étrangers. Portraits et sujets divers. Lithographies au crayon, au lavis, à l'estompe et sur papier. Aug. Bry. Infanterie polonaise marchant à l'ennemi. Portraits de Baraguay-d'Hilliers et autres généraux. Bersaglieri, costumes, etc. 26 pièces.

324 — Collection des costumes militaires, de 1830 à 1833, coloriés. 24 pièces.

325 **Raffet et André Durand.** Excursion pittoresque et archéologique en Russie. Dessins faits et lithographiés par André Durand; les figures par Raffet. 24 pièces imprimées à deux teintes.

326 **Raffet** (D'après). Esmeralda, Jeanne Hachette, et autres avec et avant la lettre. 12 vignettes.

327 — Napoléon Ier et la Garde impériale. Gravures en noir. 21 pièces.

—

328 **Vernet** (Horace). Son œuvre lithographique dont beaucoup de pièces sont avant la lettre. Plusieurs portraits et vignettes très-rares, ou avec remarques.

En tout.................. 211 pièces.
Plus. Portraits de H. Vernet
par divers artistes....... 4

En tout.................. 215 pièces.

L'Ouvrage sera mis sur table pour être vendu ensemble. S'il ne se trouve pas acquéreur, on le vendra par lots, en les classant par genres.

329 — Portraits de Mme Perregaux, C. Vernet. Sujets de chasse. 8 pièces.

330 — La Cuisine au bivouac. Grenadier sentinelle. Famille de Hussard. Chien de métier. C'n'est pas un lapin, non c'est le chat. Rapport du valet de limier. Grenadier à pied. Chevaux de poste anglais. Paysan parlant à un chasseur. Le Champ d'asile. Levé du valet de limier, etc. 18 pièces.

331 — L'Ours et l'Amateur des jardins. L'Huître et les Plaideurs. L'Homme entre deux âges. L'Astrologue qui se laisse tomber dans un puits. Les Voleurs et l'Ane, etc. 12 pièces.

332 — Ismaël et Marian, Mohamed Ali-Pacha, vice-ro d'Egypte, etc. 12 pièces.

333 — Le Pont d'Arcole. L'Enfance de Napoléon. Le Général Quinoga. Bivouac français, etc. 9 pièces.

334 — Sujets de chasse. 6 pièces.

335 **Vernet** (Carle). Sujets de chevaux et autres. 16 pièces.

336 **Wilkie** (D.). Les Politiques de village. L'Orage. 2 pièces gravées à l'eau-forte. Très-belles épreuves.

Gravures anglaises

D'après CALLCOTT, CHASLON, COLLINS, LESLIE, TURNER, WILKIE, *etc.*

337 — The Beggar's opera, the first day of Oysters, etc. 4 pièces.

338 — Preparing mose for the fair, the poet and players, etc. 4 pièces.

339 — Sickness and health, Harvest wagon, etc. 4 pièces.

340 — Happy as a King, Rustic hospitality, etc. 4 pièces.

341 — The death of the red deer, Othello, one Page, etc. 4 pièces.

342 — Contadina prisonners, Smugglers' intrusion, etc. 6 pièces.

343 — The coquette, the Loan of a bite, sir John, etc. 7 pièces.

344 — Italy, Venice, d'après Turner. 2 grandes pièces.

345 **Dyck** (D'après Van). La Famille de B. Gerbier, gravé par Walker. Encadré.

346 **Fantuzzi**. Jeune Dame romaine, pièce non décrite.

346 bis **Garnier** (Robert). L'Espérance, la Charité, la Justice, la Tempérance. (R. D., 59, 60, 62, 64. 5 pièces, belles épreuves.

347 **Reynolds** (D'après). Lady Catherine Pelham Clinton, par Smith. Epreuve avec les noms à la pointe. Encadré.

348 **Saint-Aubin, Sardoz, Vilrey** et autres. 25 portraits des personnages importants de la République.

349 **Zoffany** (D'après). Garrick dans le caractère de John Brute. Epreuve encadrée.

DESSINS

350 **Andrieux** (H.). Homme au cabaret. Le Forgeron. Deux dessins à l'aquarelle.

351 **Charlet** (Nicolas-Toussaint). Napoléon et Mme de Staël. A la mine de plomb.

352 — Napoléon au Conseil d'Etat développant les idées de Tronchet. A la mine de plomb.

353 — Napoléon causant avec un allumeur de gaz. A la mine de plomb.

354 — Napoléon dictant le siége de Toulon à M. de Las Cases. A la mine de plomb.

355 — Arrestation en Italie du comte d'Entraigues, émigré, agent des conspirations contre la France. A la mine de plomb.

556 — Napoléon, désigné comme général pour le service de la Vendée, donne sa démission au général Aubry. A la mine de plomb.

357 — Déjeuner de l'Empereur dans le jardin de Balcombe. A la mine de plomb.

358 — Mendiant debout à la porte d'une chaumière. Très-beau dessin à l'aquarelle,

359 **Decamps.** Une Chaumière au bord de l'eau ; des cavaliers arabes passant un pont. Dessin au fusain.

360 **Fielding** (Newton). Chien dans un jardin. A l'aquarelle.

361 **Horner** et **Muller.** Le Golfe de Naples. A l'aquarelle.

362 **Lipparini** (Venise, 1847). Hommes et femmes arabes dans le désert. A l'aquarelle.

363 **Migliara** (Gio.). Vue de Rome. A l'aquarelle.

364 **Stock** (H.). Barque de pêcheurs en mer. A la sépia.

365 **Tak** (L.). Deux Pierrots. Deux dessins faisant pendant, à l'aquarelle.

366 **Werner** (C.), 1834. Le Port de Palerme. A l'aquarelle.

LIVRES A FIGURES

CATALOGUES ET OUVRAGES SUR LES ARTS

367. Description des bains de Titus ou collection des peintures trouvées dans les ruines des thermes de cet empereur, gravé sous la direction de M. Ponce. *Paris*, 1786 ; in-fol. cart.

368. Les Saisons, poëme, par Vieland, figures de Le Prince. *Amsterdam*, 1769 ; 1 vol. in-8, rel. v.

369. Character and costume in Turky and Italy, designed and drawn from nature, by Thomas Allom, esq. Fisher son and C°. *London et Paris*, 21 pl.

370. Recueil de décorations intérieures comprenant tout ce qui concerne l'ameublement, par Percier et Fontaine. *Paris, Didot l'aîné*, 1812; in-fol. cart.

371. L'Antiquité expliquée et représentée en figures par Bernard de Montfaucon. *Paris*, 1722 ; 10 vol. in-fol. brochés.

372. L. Enea Vagante Pitture dei Caracci, gravé par Mitelli; in-fol. cart.

373. Antiquité romaine par Piranesi; tomes 2, 3 et 4.

374. Michel-Ange. Le Jugement dernier avec ses pendentifs gravé par Noël. *Paris*, 1806 ; in-fol. cart.

375. Galeries des femmes de George Sand par le bibliophile Jacob, orné de 24 gravures sur acier par H. Robinson. *Paris*, 1843; in-8.

376. Les Contes drolatiques de Balzac illustrés par G. Doré; 1 vol d.-rel. in-8.

377. Esquisses, croquis, pochades et tout ce que l'on voudra sur le salon de 1827, par A. Jal; 1 vol. in-8, d -rel.

378. Le Keepsake français pour 1835. *Paris*, *Dentu;* in-8.

379. Collection de 25 portraits des personnages les plus célèbres du siècle de Louis XIV. *Paris*, *Lemarchand*, 1824; in-8, br.

380. Het leven der Schilders door Karel van Mander. *Amsterdam*, 1764; 2 vol. in-8 d.-rel. Portraits de peintres de l'école hollandaise.

381. Le Lundi de la Pentecôte, par J. G. Arnold; 1 vol. in-4, cart.

382. Histoire de la Vierge, peintures murales exécutees par Claudius Jacquand, dans l'église Saint-Philippe du Roule, gravées par Baudran; 1 vol. in-fol. cart.

383. Theatro militare del capitano Flaminio della Croce gentil' huomo Milanese. *In Anversa*, *Henrico Aertssio*, 1617; in-4, vél. planches gravées.

383 *bis*. Album britannique, ouvrage orné de 12 belles gravres anglaisés. *Paris*, 1830.

384. Reveil. Musée de peinture et de sculpture; tom. 1 à 7, d.-rel.

385. Trattato della Pittura de Leonardo da Vinci. *Roma*, 1817; 2 vol. in-4, br. — Livre de portraiture recueilli des œuvres de Joseph Ribeira, dit l'*Espagnolte*.

386. The history of painting in Italy from the period of the revival of the fine arts to the end of the eighteen century translated from the original Italian of the Abate

Luigi Lanzi. London, Simpkin and Marshall ; 5 vol. in-8, cart.

387. Almanach des Aqua-fortistes; 1865-1866 ; 2 vol. in-4, cart.

388. Salon de 1844-45-46, par T. Thoré ; 1847 par Paul Mantz ; 1852 par MM. E. et J. de Goncourt. Union centrale des beaux-arts appliqués à l'industrie année 1865 ; 6 brochures in-12.

389. L'Oraison dominicale illustrée par Lorenz Frölich ; 1 vol. in-4 cart.

390. Michiels. Histoire de la peinture flamande et hollandaise. *Bruxelles*, 1845 ; 4 vol. in-8 br.

391. Recueil d'estampes représentant les différents événements de la guerre qui a procuré l'indépendance aux Etats-Unis d'Amérique. 16 pl. gravées par Godefroy et autres.

392. Recueil de figures historiques, symboliques et tragiques pour servir à l'histoire du XVIIIe s. *Amsterdam*, 1762 ; in-4.

393. Vedute antiche e moderne le piu' interessanti della Cita di Roma. Incise da vari autori. *Venizia, Monaldini*, 100 pl.

394. Fortoul. Fastes de Versailles depuis son origine jusqu'à nos jours. *Paris, Houdaille*, 1844 ; in-8 d.-rel.

395. Vues de Londres d'après les dessins originaux de Tho H. Shepard. *London, Jone et Cº*, 1835 ; in-4, maroq. plein. — Nombreuses figures.

396. National gallery. *London, Jone et Cᵉ*; 2 vol. in-4, d.-rel.

397. Vues pittoresques de l'Écosse dessinées d'après nature par L. et A. Pernot, lithographiées par Bonington, David, Deroy et autres, avec texte explicatif par Pichot. *Paris, Ch. Gosselin et Lami-Denozan*, 1826 ; in-4, d.-rel.

398. Allgemeines Runsterleriton oder Rnrze Machricht von dem Leben und den Werken der Maler, Bildharur, Bauuteister, Rupferstiche, Runstgieker, Staflscheiner, etc., etc. *Zurich ben Dull*, 1810 à 1816; 6 vol. in-fol. cart.

399. Tableaux de l'histoire romaine, ouvrage posthume abrégé Millot par lui-même. orné de 48 figures. *Paris, de l'imprimerie de Gay-Égide*, 1796 ; in-fol. maroq. plein.

400. Vues des vallées de Lauterbrunnen, 18 pl. lithographiées par Calame; in-fol. d.-rel.

401. Lasinio. Peintures à fresque du Campo Santo de Pise. *Florence, Alessandro Bernardini*, 1841 ; in-fol. maximo, d.-rel. 39 figures très-belles épreuves.

401 bis — Galeries historiquas de Versailles, publiées par Gavard, édition grand in-fol., figures su papier de chine ; livraiso3s 1 à 102, co6tenant chacune 4 planches.

402. Homer nach antiken Gezeichnet von Heinrich Wilnerm Tochlein mit Erlanterungen von Christian Gottlob Heyne. *Gossingen, bey Henrich Dieterich*, 1801 ; in-fol.

403. Galerie française. Collection de portraits des hommes et des femmes qui ont illustré la France dans les XVIe, XVIIe et XVIIIe siècles, avec des notices et des fac-simile par une société d'hommes de lettres et d'artistes. *Paris, imprimerie de Firmin Didot.*

404. Album fac-similé des artistes contemporains, exécuté par Alaux, Cabasson, Delacroix, Gavarni, etc; 41 pièces dont plusieurs doubles.

405. Un album contenant 24 lithographies par Bonnington, 3 par Rugendas, 16 par Harding et Prout, 1 eau-forte par Stothard, etc. — Ensemble, 57 pièces.

406. Un recueil de 125 pl. tirées de la galerie du Palais-Royal, pièces d'après Téniers, etc.

407. R. Dumesnil. Le Peintre graveur français. *Paris, chez Mme Huzard*, 1835 à 1850 ; 8 tomes en 4 vol. in-8, d.-rel.

408. Brulliot. Dictionnaire des monogrammes, marques figurées, lettres initiales, noms abrégés, avec lesquels les peintres-dessinateurs, graveurs, sculpteurs ont désigné leurs noms. *Munich*, 1832-1834 ; 3 vol. in-4, d.-rel.

409. Vie des peintres allemands, flamands et hollandais par Descamps, réunie à celle des peintres italiens et français par d'Angerville. *Marseille*, 1842-1843, 5 vol. in-8, d.-rel.

410. L. Viardot. Les musées d'Allemagne et de Russie. *Paris*, 1844. — Musée de la Hollande par W. Burger. *Paris*, 1858 ; 2 brochures in-8.

411. Mémoires de Benvenuto Cellini traduit par Léopold Le Clanché. *Paris, Jules Labitte* ; 1 vol. in-12, d.-rel.

412. Descamps. Vie des peintres flamands, allemands et hollandais. — Voyage pittoresque de la Flandre et du Brabant, par le même. *Paris, Jombert*, 1753 ; 5 vol. in-8, d.-rel.

413. Vasari. Vite de eccellenti pittori scultori pui architetti scritte da Giorgio Vasari. *Livorno et Firenze*, 1767-1772 ; 7 vol. in-8, cart. vél.

414. Cabinet de l'amateur et de l'antiquaire par E. Piot. *Paris*, 1842-1846 ; 4 vol. in-8, d.-rel.

415. Joseph Vernet. Sa vie, sa famille, son siècle d'après des documents inédits par Léon Lagrange. *Bruxelles, imprimerie de A. Labroue et Ce*, 1858 ; 1 brochure in-4 ; cart.

416. Nouveau parallèle des ordres d'architecture des Grecs, des Romains et des auteurs modernes, par Charles Normand. *Paris, Firmin Didot*, 1819 ; in-fol. cart.

417. Findens' tableaux. The iris of prose, poetry, and art, for 1841. *London, Black et Armstrong* ; in-fol. 12 pl.

418. De Groote Schouburgh der Nederlantsche konstschilders en schilderessen et Arnald Houbraken. *Gravenhage*, 1753; 3 tomes in-8, v. pl.

419. Richardson. Traité de la peinture et de la sculpture. *Amsterdam*, 1728; 3 tomes, 2 vol. in-8, d.-rel.

420. Galerie historique et descriptive des tableaux appartenant à Son Altesse Mgr le duc d'Orléans par Vatout. *Paris*, 1823-1826 ; 4 vol. in-8, d.-rel.

421. Abrégé de la vie des plus fameux peintres avec leurs portraits gravés en taille-douce. *Paris*, *Debure l'aîné*, 1745; in-4, v.

422. Extraits des différents ouvrages publiés sur la vie des peintres, par M. P. D. L. F. *Paris. Ruault*, 1776; 2 vol. in-8, v. pl.

423. Gault de Saint-Germain. Guide des amateurs de tableaux pour les écoles allemande, flamande et hollandaises. *Paris, Jules Renouart*, 1841 ; 2 vol. in-8, d.-rel.

424. De Burtin. Traité théorique et pratique des connaissances qui sont nécessaires à tout amateur de tableaux. *Bruxelles*, 1808 ; 2 vol. in-8, d.-rel.

425. Notice des émaux exposés dans les galeries du Louvre. — Notices des tableaux, bas-reliefs et statues exposés dans les galeries du musée de Lille. — Salon d'Horace Vernet, analyse historique et pittoresque des 45 tableaux exposés chez lui en 1822, par MM. Jouy et Jay. Le salon de 1834 par Gabriel Laverois. 9 livraisons.

426. A. Houssaye. Histoire de la peinture flamande et hollandaise. *Paris*, 1844 ; 2 vol. in-8, br.

427. Entretiens sur les vies et sur les ouvrages des plus excellents peintres anciens et modernes, avec la vie des architectes, par Felibien. *Trévoux*, 1725 ; 6 vol. in-12, d.-rel.

428. Millin. Dictionnaire des beaux-arts. *Paris, Barba,* 1838, 6 vol. in-8, d.-rel. — Millin. Les Beaux-Arts en Angleterre. *Paris,* 1807; 2 vol. in-8.

429. Bulletin de l'Ami des arts. *Paris,* 1843-1844; 2 vol.in-8, figures.

430. Essai sur les beaux-arts et particulièrement sur le salon de 1817, par E. F. A. M. Miel. *Paris, de l'imprimerie de Didot le jeune,* 1817-18; 1 vol. in-8, cart.

431. Dictionnaire des artistes de l'école française au XIXe s., par Ch. Gabet. *Paris, Mme Vergne,* 1831; 1 vol. in-8, br.

432. Labarthe. Description des objets d'art qui composent la collection de Bruges Duménil. *Paris, Victor Didron,* 1847; 1 vol. gr. in-8, br. Rare, plus le catalogue qui a servi à la vente.

433. Gabet. Dictionnaire des artistes de l'école française du XIXe s. *Paris,* 1831; in-8, d.-rel.

434. Christ. Dictionnaire des monogrammes, chiffres, lettres, initiales logogryphes, rébus, etc. *Paris, Guillyn,* 1762; in-8. v. pl.

435. Quilliet. Dictionnaire des peintres espagnols. *Paris,* 1816; in-8, v. pl.

436. Catalogue de la bibliothèque de M. Felix Solar. *Paris, Techener,* 1860; in-8, br.

437. Catalogues des collections d'estampes et dessins Van den Zande, H. de Lasalle, Parguez, Soret, Delacroix et Andreossi. 8 br.

438. Catalogues des collections Soltikoff, Louis Fould, Portales, duc de Morny, E. Piot. 7 br.

Renou et Maulde, imprimeurs de la Compagnie des Commissaires-Priseurs, rue de Rivoli, 144. 57691

~~31~~ bis — Butty

252 bis — 15

6 lots —

www.ingramcontent.com/pod-product-compliance
Ingram Content Group UK Ltd.
Pitfield, Milton Keynes, MK11 3LW, UK
UKHW021117230726
13926UKWH00002B/527